Marie Zürker (Hg.)
Loslassen und das Leben neu entdecken

Marie Zürker (Hg.)

Loslassen und das Leben neu entdecken

Texte zum Innehalten

Kaufmann Verlag

Bibliografische Information der deutschen Bibliothek
Die Deutsche Bibliothek verzeichnet diese Publikation in der
Deutschen Nationalbibliografie; detaillierte bibliografische Daten
sind im Internet über http://dnb.ddb.de abrufbar.

1. Auflage 2016
© 2016 Verlag Ernst Kaufmann, Lahr

Coverabbildung: © Visions-AD – Fotolia.com
Druck und Bindung: CPI books, Ulm

ISBN 978-3-7806-3175-6

Inhalt

Vorwort. 9

Das Leben annehmen

Annahme *Willigis Jäger* 12
Das Leben annehmen, wie es ist
   Petra Kummermehr 13
Gib mir Gelassenheit *Reinhold Niebuhr* 14
Alles hat seine Zeit *Kohelet 3,1–13* 15
Es geht vorüber *Bernhard von Clairvaux* 16
Annehmen, ohne aufzugeben
   Irischer Segenswunsch 17
Gärten des Glücks *Friedrich Nietzsche* 18
Leid ist relativ *Immanuel Kant* 18
Leid annehmen *Rainer Maria Rilke* 19
Trost spenden *Adolph Freiherr von Knigge* 20
Lerne, es zu lieben *Sufi-Geschichte* 21
Neu lassen lernen *Andrea Schwarz* 22
Nichts geht ganz verloren *Rainer Maria Rilke* 24
Sich zurückziehen *Marc Aurel* 25
Heilsame Blickrichtung *Petra Kummermehr* 26
Eine Frage des Blickwinkels *Meister Eckhart* 28

Sich dem Fluss des Lebens anvertrauen

Ein Zeichen der Hoffnung *Rainer Maria Rilke* 30
Für jede Sorge eine Aussicht *Irischer Segenswunsch* . 31
Du wirst behütet *Psalm 121*. 32
Glück ist Sorglosigkeit *Jörg Zink* 33

Lohn der Anstrengung   *Matthias Claudius* 34
Lass nur die Sorge sein
   Johann Wolfgang von Goethe 34
Das eigene Schicksal   *Rainer Maria Rilke* 35
Sorgt nicht!   *Matthäus 6,25–34* 36
Wege des Lebens   *Rainer Maria Rilke*. 38
Regel für einen glücklichen Tag   *Aus Brasilien* 39
Glückselig ist   *Seneca* 40
Der Himmel in uns   *Otto Ludwig* 41
Ich danke Gott und freue mich
   Matthias Claudius 42
Auf Gott vertrauen   *Franz von Sales* 44
Ein neuer Tag   *Epikur von Samos* 45
Leicht zu leben   *Theodor Fontane* 46

Zu sich finden

Sei du selbst   *Ulrich Schaffer* 48
Meine Sehnsucht   *Pierre Stutz* 50
Ein aufmerksames Herz   *Bernhard von Clairvaux* . . . 52
Denk auch an dich   *Bernhard von Clairvaux* 53
Aus dem Inneren   *Plutarch von Chaironea* 53
Das bekomme ich hin   *Jutta Heller* 54
Einkehr   *Plotin* 56
Lebe im Augenblick   *Friedrich Nietzsche* 57
Achtsam sein   *Pierre Stutz* 58
Im Einklang mit sich   *Friedrich Maximilian Klinger* . . . 60
Am Grund von allem   *Rainer Maria Rilke* 61
Auf die eigenen Bedürfnisse achten
   Theodor Fontane 62
Mit Vertrauen müßig sein   *Rainer Maria Rilke*. 63
Freundschaft mit sich selbst   *Wilhelm Schmid* 64
Freude ist mehr als Glück   *Rainer Maria Rilke* 65
Die eigene Seele   *Marc Aurel* 66

Den Weg gemeinsam gehen

Gute Freunde   *Ute Latendorf* 68
Gehalten im Glück der Freundschaft
   Irmtraud Tarr Krüger. 69
Ein Geschenk des Himmels   *Petrus Ceelen*. 70
Nie allein   *Marie von Ebner-Eschenbach u. a.* 72
Zuflucht   *Aristoteles u. a.* 73
Der wahre Freund   *Christian Fürchtegott Gellert* 74
Einen Freund gewinnen   *Balthasar Gracián* 75
Es wird hell in uns   *Ludwig Feuerbach* 76
Was ich dir wünsche?   *Irischer Segenswunsch* 77
Treue Freundschaft   *Seneca* 78

Erfülltes Leben

Wunschträume wagen   *Tania Konnerth* 80
Mut zum Träumen   *Irischer Segenswunsch* 81
Nur Mut   *Friedrich Schiller u. a.* 82
Chancen sehen   *Jutta Heller* 83
Etwas wagen   *Theodor Fontane u. a.* 84
Schritt für Schritt
   Georg Christoph Lichtenberg u. a. 85
Realistische Ziele setzen   *Friedrich Nietzsche* 86
Ein Gefühl meiner Kraft   *Fanny Lewald*. 87
Engel des Aufbruchs   *Anselm Grün* 88
So viel Kraft
   Johann Wolfgang von Goethe u. a. 90
Berge versetzen   *Marie von Ebner-Eschenbach u. a.* . 91
Mein Leben   *Rainer Haak* 92
Geh auf dein Glück zu   *Jörg Zink* 94

Vorwort

Das Leben verläuft nicht immer so, wie wir es uns vorstellen. Es nimmt Umwege, unlösbare Probleme scheinen sich vor uns aufzutürmen, manchmal enden unsere Wege auch in Sackgassen. Nun liegt es an uns, wie wir mit bestimmten Situationen umgehen. Besitzen wir genügend innere Stärke, um Schwierigkeiten zu überwinden, oder verlieren wir sofort den Mut? Vertrauen wir darauf, dass trotz enttäuschter Hoffnungen unser Leben wieder hell und glücklich wird? Einer der Schlüssel zu einem erfüllten Leben ist nicht nur der Glaube daran, dass es besser wird, sondern auch der Glaube an unsere Kraft. Auch wenn wir sie in manchen Situationen nicht so deutlich spüren, ist sie dennoch vorhanden. „Es bleibt einem jeden immer noch so viel Kraft, das auszuführen, wovon er überzeugt ist", sagt Johann Wolfgang von Goethe. Die Schwierigkeit liegt darin, diese Kraftquellen zu aktivieren. In den folgenden fünf Kapiteln habe ich Texte zusammengetragen, die Wege aufzeigen, das Leben so anzunehmen, wie es ist, und es zu einem glücklichen und erfüllten Leben zu gestalten.
Viel Freude beim Lesen!

Marie Zürker

Das Leben annehmen

Annahme

Keiner von uns kann, wenn wir ehrlich sind,
aus vollem Herzen zu allen Situationen Ja sagen.
Es wird aber auch nicht von ihm verlangt;
verlangt wird nur, anzunehmen.
Im Annehmen dessen, was wir nicht ändern können,
liegt der eigentliche Reinigungs-
und Verwandlungsprozess.

Willigis Jäger

Das Leben annehmen, wie es ist

Leid entsteht durch Anklammern, darin sind sich alle großen Weisheitslehrer einig. Indem wir an unerfüllten Erwartungen, Hoffnungen und Wünschen zu lange festhalten und das Leben nicht annehmen, wie es ist, fügen wir uns selbst Leid zu. Wir wollen vorausschauen, Kontrolle über unser Schicksal erlangen und wehren uns gegen alles, was nicht in unsere Pläne passt. Wir widersetzen uns dem, was ist, und leiden darunter.

An diesem Punkt tut es gut, den Weg nach innen zu suchen. Alle Vorstellungen loslassen, die uns schaden, und das Leben so annehmen, wie es ist. Wenn wir nicht mehr am „Hätte ..., Wäre ..., Wenn ..." festhalten, sondern unser Leben einfach akzeptieren, löst sich die Anspannung. Wir leisten keinen Widerstand mehr gegen Dinge, die wir sowieso nicht ändern können. Wir lassen los, und das Herz wird uns leichter.

Petra Kummermehr

Gib mir Gelassenheit

Gott, gib mir die Gelassenheit,
Dinge hinzunehmen,
die ich nicht ändern kann,

den Mut,
Dinge zu ändern,
die ich ändern kann,

und die Weisheit,
das eine
vom anderen
zu unterscheiden.

Reinhold Niebuhr

Alles hat seine Zeit

Ein jegliches hat seine Zeit, und alles Vornehmen unter dem Himmel hat seine Stunde. Geboren werden und sterben, pflanzen und ausrotten, was gepflanzt ist, würgen und heilen, brechen und bauen, weinen und lachen, klagen und tanzen, Stein zerstreuen und Steine sammeln, herzen und ferne sein von Herzen, suchen und verlieren, behalten und wegwerfen, zerreißen und zunähen, schweigen und reden, lieben und hassen, Streit und Friede hat seine Zeit. Man arbeite, wie man will, so hat man doch keinen Gewinn davon. Ich sah die Mühe, die Gott den Menschen gegeben hat, dass sie darin geplagt werden. Er aber tut alles fein zu seiner Zeit und lässt ihr Herz sich ängstigen, wie es weitergehen solle in der Welt; denn der Mensch kann doch nicht das Werk, das Gott tut, treffen, weder Anfang noch Ende. Darum merkte ich, dass es nichts Besseres gibt, als fröhlich zu sein und sich gütlich zu tun in seinem Leben. Denn ein jeglicher Mensch, der da isst und trinkt und hat guten Mut in aller seiner Arbeit, das ist eine Gabe Gottes.

Kohelet 3,1–13

Es geht vorüber

Verlass dich nicht zu sehr auf das, was du im Augenblick empfindest. Es gibt in unserem Geist nichts, was sich nicht durch Nachlässigkeit und Zeitverstreichen abschleift. Und einen ständigen heftigen Schmerz kann man nicht tagtäglich aushalten. Lässt er sich nicht irgendwie tilgen, so spürt man ihn allmählich weniger. Entweder erhält er rasch Linderung von einem Heilmittel, oder er stumpft im Laufe der Zeit ab. Gibt es etwas, was die Gewohnheit nicht verkehrt? Was sich durch Gebrauch nicht verschleißt? Wie oft ist uns schon etwas, vor dessen Bitterkeit wir zunächst zurückschreckten, durch den bloßen Gebrauch allmählich vom Schlechten ins Süße verwandelt worden? Höre den Gerechten, wie er über eine solche Erfahrung klagt: Das, was meine Seele früher nicht anrühren wollte, ist mir jetzt in meiner Bedrängnis zur Nahrung geworden (Hiob 6,7). Zunächst kommt dir etwas unerträglich vor. Im Laufe der Zeit gewöhnst du dich vielleicht daran und hältst es nicht mehr für so schwer; es dauert nicht lange, und es kommt dir leicht vor; es vergeht nicht viel weitere Zeit, und es sagt dir sogar zu.

Bernhard von Clairvaux

Annehmen, ohne aufzugeben

Der unbegreifliche Gott erfülle dein Leben
mit seiner Kraft,
dass du entbehren kannst,
ohne hart zu werden,
dass du leiden kannst, ohne zu zerbrechen,
dass du Niederlagen hinnehmen kannst,
ohne aufzugeben,
dass du schuldig werden kannst,
ohne dich zu verachten,
dass du mit Unbeantwortbarem leben kannst,
ohne die Hoffnung preiszugeben.

Irischer Segenswunsch

Gärten des Glücks

Dicht neben dem Wehe der Welt, und oft auf seinem vulkanischen Boden, hat der Mensch seine kleinen Gärten des Glücks angelegt; ob man das Leben mit dem Blicke dessen betrachtet, der vom Dasein Erkenntnis allein will, oder dessen, der sich ergibt und resigniert, oder dessen, der an der überwundenen Schwierigkeit sich freut — überall wird er etwas Glück neben dem Unheil aufgesprosst finden.

Friedrich Nietzsche

Leid ist relativ

Dem, welcher ein Bein gebrochen hat, kann man dadurch sein Unglück doch erträglicher machen, wenn man ihm zeigt, dass es leicht hätte das Genick treffen können.

Immanuel Kant

Leid annehmen

Wie töricht von den Menschen, dass sie ein Unerfreuliches nicht diskret nehmen können. Warum wollen sie irgendeine Beunruhigung, irgendein Weh, irgendeine Schwermut von ihrem Leiden ausschließen, da sie doch nicht wissen, was diese Zustände an ihnen arbeiten?
Warum wollen sie sich mit der Frage verfolgen, woher das alles kommen mag und wohin es will? Da sie doch wissen, dass sie in Übergängen sind und nichts so sehr wünschen, als sich zu verwandeln.

Rainer Maria Rilke

Trost spenden

Ach, es ist kein Elend in der Welt von beständiger Dauer, kein Schmerz so groß, der nicht freie Augenblicke übrig ließe; ein gewisser Heroismus im Kampfe gegen das Unglück führt Freuden mit sich, die wahrlich das härteste Ungemach vergessen machen, und der Gedanke, andre zu trösten und aufzurichten, erhebt wunderbar das Herz, erfüllt mit unbeschreiblicher Heiterkeit, ich rede aus Erfahrung.

Adolph Freiherr von Knigge

Lerne, es zu lieben

Ein Mann ärgerte sich furchtbar darüber, dass in seinem Garten so viel Löwenzahn wuchs. Er versuchte ihn mit allen möglichen Mitteln auszutreiben, aber nichts half. So ging er in die ferne Hauptstadt, um dort den Hofgärtner des Königs um Rat zu fragen.

Der weise alte Gärtner gab vielfältig Auskunft, wie der Löwenzahn loszuwerden sei. Aber alles, was er vorschlug, hatte der Fragende schon selbst probiert.

So saßen die beiden eine Zeit lang schweigend beisammen, bis am Ende der Gärtner den ratlosen Mann schmunzelnd anschaute und sagte: „Wenn alles, was ich dir vorgeschlagen habe, nichts genützt hat, dann gibt es nur noch einen Ausweg: Lerne, den Löwenzahn zu lieben."

Sufi-Geschichte

Neu lassen lernen

Wer aufbrechen will, muss loslassen können. Wer den nächsten Schritt tun will, muss den Mut haben, mit einem Fuß den sicheren Boden zu verlassen und den Fuß „an einen anderen Ort" zu stellen. Und das gilt auch für das Leben: Das Neue kann nur gewagt werden, wenn ich das Alte auch wirklich (ver)lasse. Zugegeben, das ist nicht immer leicht. Man hätte doch so gerne das eine und das andere. Ein bisschen das und ein bisschen von dem … und nach Möglichkeit immer das Beste vom Besten.

Man kann nicht immer alles haben. Manchmal muss man das eine lassen, um das andere bekommen zu können. Und wenn es um Lebendigkeit geht, dann kann es sein, dass ich manches „lassen" muss, um anderem Raum zu geben. Dass ich das lassen muss, was eben nicht lebendiger, sondern eher „tot" macht …

Lebendiger – das heißt nicht unbedingt einfacher, schöner, leichter, glücklicher. Lebendiger, das kann durchaus heißen: Herausforderung, Zumutung, Unbequemlichkeit, Fragen, Zweifel …

Aber – ich spüre mich. Ich bin „am Leben". Ich bin mittendrin. Ich ziehe mich nicht in mein Schneckenhaus zurück, sondern ich gehe los – dem Leben entgegen und allen Toden zum Trotz!

Um aufbrechen zu können, muss ich das lassen, was mich festhält. Und es mag sein, dass ich auch manches lassen muss, an dem ich mich eigentlich gerne festhalten würde: Sicherheit, Geborgenheit, Heimat.

Aber Loslassen schenkt auch eine neue Freiheit. Alles, was ich behalte, bindet mich – und alles, was mich hält, kann mich auch festhalten. Sicherheit und Geborgenheit können auch schnell zum Gefängnis werden – und Dinge und Menschen können mich so „besetzen", dass ich davon besessen werde. Und es mag sein, dass ich gerade dann am Leben vorbeilebe.

Das aber ist die Einladung: lebendiger werden ohne Wenn und Aber ...

Andrea Schwarz

Nichts geht ganz verloren

Man muss nie verzweifeln, wenn einem etwas verloren geht, ein Mensch oder eine Freude oder ein Glück; es kommt alles noch herrlicher wieder. Was abfallen muss, fällt ab; was zu uns gehört, bleibt bei uns, denn es geht alles nach Gesetzen vor sich, die größer als unsere Einsicht sind und mit denen wir nur scheinbar im Widerspruch stehen. Man muss in sich selber leben und an das ganze Leben denken, an alle seine Millionen Möglichkeiten, Weiten und Zukünfte, dem gegenüber es nichts Vergangenes und Verlorenes gibt.

Rainer Maria Rilke

Sich zurückziehen

In der Tat also gilt es, sich zurückzuziehen auf ebendiesen kleinen Raum, der unser ist, und hier sich weder zerstreuen noch einspannen zu lassen, sondern sich frei zu bewegen und die Dinge anzusehen wie ein Mensch, wie ein Glied der Gesellschaft, wie ein sterbliches Wesen. Unter allen Wahrheiten aber, die dir am geläufigsten sind, müssen jedenfalls die beiden sein: die eine: dass Außendinge die Seele nicht berühren dürfen, sondern wirklich Außendinge sein und bleiben müssen. Denn Widerwärtigkeiten gibt es nur für den, der sie dafür hält. Die andere: dass alles, was du siehst, sich bald verwandeln und nicht mehr sein werde, wie du selbst schon eine Menge Wandlungen durchgemacht hast. Mit einem Wort: Die Welt ist ein ewiger Wechsel …

Marc Aurel

Heilsame Blickrichtung

Oft fällt es schwer,
bestimmte Verletzungen loszulassen.
Worte oder Verhaltensweisen,
die einen gekränkt, beleidigt oder
tief getroffen haben.
Sie wirken noch immer nach und
haben Wunden hinterlassen.

Wer nicht in der Lage ist,
alte Wunden heilen zu lassen,
dem können sie zu einer großen Last werden
und ihn krank machen.

Doch wem es gelingt,
die Schmerzen ziehen zu lassen und
sich und anderen zu vergeben,
der fühlt sich befreit.

Manchmal verbirgt sich auch
unter all den Verletzungen eine Art Schatz.
Wertvolle Dinge, die man sonst
nie gelernt hätte,
wichtige Erfahrungen,
die man nie gemacht hätte,
und bedeutsame Begegnungen, die vielleicht
das Leben verändert haben.

Es kann sehr heilsam sein,
den Blick immer mehr
auf diese Schätze zu richten.

Petra Kummermehr

Eine Frage des Blickwinkels

Nun nehme ich an, ein Mensch hätte hundert Gulden und verliere davon vierzig und behalte also die sechzig. Will nun dieser Mensch allezeit an die vierzig denken, die er verloren hat, so bleibt er ohne Trost und voll Schmerz. Wie könnte sonach der jemals Trost finden und ohne Leid sein, der seinen Blick nur auf den Schaden und das Leid hinwendet und sich nun das vorstellt und darauf schaut und seine Augen mit Schmerz darauf richtet und mit seinem Schaden Unterhaltung pflegt und der Schaden wiederum mit ihm spricht und sie sich so gegenseitig besehen. Wenn er sich aber zu den sechzig Gulden hinwendete, die er noch hat, und den vierzig verlorenen den Rücken kehrte und sich nun die sechzig vorstellte und mit ihnen Gegenrede pflegte, würde er sicherlich Trost finden.

Meister Eckhart

Sich dem Fluss des Lebens anvertrauen

Ein Zeichen der Hoffnung

Gib deinem Herzen ein Zeichen,
dass die Winde sich drehn.
Hoffnung ist ohnegleichen,
wenn sie die Göttlichen sehn.

Richte dich auf und verharre
still in dem großen Bezug;
leise löst sich das Starre,
milde schwindet der Bug.

Rainer Maria Rilke

Für jede Sorge eine Aussicht

Gott gebe dir für jeden Sturm einen Regenbogen,
für jede Träne ein Lächeln,
für jede Sorge eine Aussicht
und eine Hilfe in jeder Schwierigkeit.
Für jedes Problem, das das Leben schickt,
einen Freund, es zu teilen,
für jeden Seufzer ein schönes Lied
und eine Antwort auf jedes Gebet.

Irischer Segenswunsch

Du wirst behütet

Ich hebe meine Augen auf zu den Bergen, von welchen mir Hilfe kommt. Meine Hilfe kommt von dem Herrn, der Himmel und Erde gemacht hat. Er wird deinen Fuß nicht gleiten lassen; und der dich behütet, schläft nicht. Siehe, der Hüter Israels schläft noch schlummert nicht.

Der Herr behütet dich; der Herr ist dein Schatten über deiner rechten Hand, dass dich weder die Sonne am Tag steche noch der Mond in der Nacht. Der Herr behüte dich vor allem Übel, er behüte deine Seele; der Herr behüte deinen Ausgang und Eingang von nun an bis in Ewigkeit.

Psalm 121

Glück ist Sorglosigkeit

Gott sieht dich. Er sieht in dich hinein. Aber nicht wie ein neugieriger Mensch, nicht wie ein Aufpasser oder Untersuchungsrichter. Ganz anders. Gott sieht dich wie einer, der dich sehr liebt. Es gibt aber keine klareren, keine schärferen Augen als die der Liebe. Die Liebe Gottes ist unbestechliches Wissen, das doch nicht verachtet, nicht beschämt. Weil Gott groß ist und weil seine Größe Liebe ist, darum hat es Sinn und ist es gut, dass er alles weiß.

Er sagt: Du sollst glücklich sein. Nicht für einen Augenblick, sondern auf die Dauer. Glück ist die Sorglosigkeit, die dort entsteht, wo du deine Sorge Gott anheimgibst. Es ist die Gelassenheit, die dort einkehrt, wo der Wille Gottes an die Stelle getreten ist, an der sonst dein eigener Wille sich durchsetzt. Glück ist das Vertrauen, dass das Gelingen deines Lebens nicht von dir abhängt, sondern dir geschenkt wird. Sorglosigkeit ist Glaube an den Reichtum der Freundlichkeit Gottes, sie ist die Weise zu leben, in der die ihr Leben zubringen, die sonst Grund hätten, sich zu sorgen.

Jörg Zink

Lohn der Anstrengung

Man kann nicht bergauf kommen, ohne bergan zu gehen. Und obwohl Steigen beschwerlich ist, so kommt man doch dem Gipfel immer näher, und mit jedem Schritt wird die Aussicht umher freier und schöner! Und oben ist oben!

Matthias Claudius

Lass nur die Sorge sein

Lass nur die Sorge sein,
Das gibt sich alles schon,
Und fällt der Himmel ein,
Kommt doch eine Lerche davon.

Johann Wolfgang von Goethe

Das eigene Schicksal

Man hat schon so viele Bewegungsbegriffe umdenken müssen, man wird auch allmählich erkennen lernen, dass das, was wir Schicksal nennen, aus den Menschen heraustritt, nicht von außen her in sie hinein. Nur weil so viele ihre Schicksale, solange sie in ihnen lebten, nicht aufsaugten und in sich selbst verwandelten, erkannten sie nicht, was aus ihnen trat; es war ihnen so fremd, dass sie, in ihrem wirren Schrecken, meinten, es müsse gerade jetzt in sie eingegangen sein, denn sie beschworen, vorher nie Ähnliches in sich gefunden zu haben. Wie man sich lange über die Bewegung der Sonne getäuscht hat, so täuscht man sich immer noch über die Bewegung des Kommenden.

Rainer Maria Rilke

Sorgt nicht!

Darum sage ich euch: Sorgt nicht für euer Leben, was ihr essen und trinken werdet, auch nicht für euren Leib, was ihr anziehen werdet. Ist nicht das Leben mehr denn Speise? Und der Leib mehr denn die Kleidung? Sehet die Vögel unter dem Himmel an: Sie säen nicht, sie ernten nicht, sie sammeln nicht in die Scheunen; und euer himmlischer Vater nährt sie doch. Seid ihr denn nicht viel mehr denn sie? Wer ist aber unter euch, der seiner Länge eine Elle zusetzen möge, ob er gleich darum sorget? Und warum sorget ihr für die Kleidung? Schaut die Lilien auf dem Felde, wie sie wachsen: Sie arbeiten nicht, auch spinnen sie nicht. Ich sage euch, dass auch Salomo in aller seiner Herrlichkeit nicht bekleidet gewesen ist wie derselben eine. So denn Gott das Gras auf dem Felde also kleidet, das doch heute steht und morgen in den Ofen geworfen wird: Sollte er das nicht vielmehr euch tun, oh ihr Kleingläubigen? Darum sollt ihr nicht sorgen und sagen: Was werden wir essen, was werden wir trinken, womit werden wir uns kleiden? Nach solchem allem trachten die Heiden. Denn euer himmlischer Vater weiß, dass ihr all dessen bedürft. Trachtet am Ersten nach dem Reich Gottes und nach seiner Gerechtigkeit, so wird euch das alles zufallen. Darum sorgt nicht für den andern Morgen; denn der morgige Tag wird für das Seine sorgen. Es ist genug, dass ein jeglicher Tag seine eigene Plage hat.

Matthäus 6,25–34

Alles ist richtig,
was wir von jetzt ab tun,
sofern wir nur vertrauen.

Christian Morgenstern

Wege des Lebens

Plötzlich sind es Flüge,
die uns erheben
über das mühsame Land,
da wir noch weinen
um die zerschlagenen Krüge,
springt uns der Quell
in die eben noch leerste Hand.

Rainer Maria Rilke

Regel für einen glücklichen Tag

Lobe jeden Tag drei Personen;
erlebe wenigstens einmal im Jahr
einen Sonnenaufgang;
sieh den Menschen in die Augen,
wenn du mit ihnen sprichst;
lerne ein Musikinstrument spielen;
singe unter der Dusche;
gib weniger aus, als du verdienst;
beherrsche drei gute Witze;
spende Blut;
sei immer auf der Suche
nach neuen Freunden;
behalte Dinge für dich,
die dir anvertraut wurden;
überrasche Menschen, die du magst,
mit kleinen Geschenken;
akzeptiere immer eine Entschuldigung;
erkenne deine Fehler;
fahre häufiger mit dem Fahrrad;
behalte die Namen deiner Mitmenschen.

Aus Brasilien

Glückselig ist ...

Glückselig ist also,
wer ein richtiges Urteil hat;
glückselig ist,
wer mit dem Bestehenden,
wie es auch immer sei,
zufrieden und mit seinen Verhältnissen befreundet ist;
glückselig ist der,
dessen ganze Lage seine Vernunft gutheißt.

Seneca

Der Himmel in uns

Von Glück und Unglück reden die Menschen, das der Himmel ihnen bringe. Was die Menschen Glück und Unglück nennen, ist nur der rohe Stoff dazu. Am Menschen liegt's, wozu er ihn formt. Nicht der Himmel bringt das Glück; der Mensch bereitet sich sein Glück und spannt seinen Himmel selber in der eigenen Brust. Der Mensch soll nicht sorgen, dass er in den Himmel, sondern dass der Himmel in ihn komme. Wer ihn nicht in sich selber trägt, der sucht ihn vergebens im ganzen All.

Otto Ludwig

Ich danke Gott und freue mich

Ich danke Gott und freue mich
Wie's Kind zur Weihnachtsgabe,
Dass ich bin, bin! Und dass ich dich,
Schön menschlich Antlitz! habe;
Dass ich die Sonne, Berg und Meer,
Und Laub und Gras kann sehen,
Und abends unterm Sternenheer
Und lieben Monde gehen,
Und dass mir denn zumute ist,
Als wenn wir Kinder kamen,
Und sahen, was der Heil'ge Christ
Bescheret hatte, Amen!
Ich danke Gott mit Saitenspiel,
Dass ich kein König worden;
Ich wär geschmeichelt worden viel,
Und wär vielleicht verdorben.
Auch bet ich ihn von Herzen an,
Dass ich auf dieser Erde
Nicht bin ein großer reicher Mann
Und auch wohl keiner werde.
Denn Ehr und Reichtum treibt und bläht,
Hat mancherlei Gefahren,
Und vielen hat's das Herz verdreht,
Die weiland wacker waren.

Und all das Geld und all das Gut
Gewährt zwar viele Sachen;
Gesundheit, Schlaf und guten Mut
Kann's aber doch nicht machen.
Und die sind doch, bei Ja und Nein!
Ein rechter Lohn und Segen!
Drum will ich mich nicht groß kastei'n
Des vielen Geldes wegen.
Gott gebe mir nur jeden Tag,
Soviel ich darf zum Leben.
Er gibt's dem Sperling auf dem Dach;
Wie sollt er's mir nicht geben!

Matthias Claudius

Auf Gott vertrauen

Vertrauen wir unsere guten Wünsche Gott an und seien wir nicht in Sorge, ob sie fruchtbar werden, denn der uns die Blüte des Wunsches verliehen hat, wird uns auch die Frucht der Erfüllung schenken.

Unmögliches gibt es für mich nicht, wird es auch nie geben, denn ich vertraue auf Gott, er vermag alles.

Franz von Sales

Ein neuer Tag

Man muss versuchen,
den nächsten Tag immer besser zu machen
als den vorangegangenen,
solange wir auf dem Wege sind;
sind wir aber an die Grenze gekommen,
dann sollte man versuchen,
in gleichmäßiger Freude zu sein.

Epikur von Samos

Leicht zu leben

Leicht zu leben ohne Leichtsinn,
heiter zu sein ohne Ausgelassenheit,
Mut zu haben ohne Übermut,
Vertrauen und freudige Ergebung zu zeigen
ohne Fatalismus –
das ist die Kunst des Lebens.

Theodor Fontane

Zu sich finden

Sei du selbst

Du weißt, was du tun könntest,
um mehr du selbst zu sein.
In dir bewegen sich Wünsche
und Vorstellungen,
die du dir erfüllen möchtest.
Dein Inneres ist dir vertraut
und du weißt, welcher Ausdruck
diesem Inneren entsprechen würde.

Fass Mut und nimm dich ernst.
Je mehr du dich kennenlernst,
desto klarer wird dir,
was du willst.

Du wirst aus dem Meer aufsteigen
wie eine Insel
mit einem erkennbaren Profil.

Wenn du nicht bei dir bist
und dich nicht für dich entscheidest,
werden andere von dir nicht lernen können,
wie du zu lieben bist.

Sie werden sich nach dir richten
und dich vernachlässigen,
wenn du dich selbst vernachlässigst.

———

Sie werden dich verachten,
so wie du dich verachtest.
Sie werden annehmen,
dass ihre Meinung auch deine sei,
weil du deine nicht sagst.

Sie werden dich wenig fragen,
dir aber viel sagen.
Sie werden von dir erwarten,
dass du mitmachst, mitlachst, mitwählst
und nicht fragst, herausforderst und verneinst.

Sie werden mit dir so umgehen,
wie du selbst mit dir umgehst.

Aber wenn du dich wertschätzt,
wenn du dein Innenleben ernst nimmst,
wenn du auf dich hörst
und nicht alles mit dir machen lässt,

dann werden andere lernen, dich zu achten,
zu ehren und zu lieben.

Es beginnt bei dir.

Ulrich Schaffer

Meine Sehnsucht

Meine Sehnsucht ist groß
ich selber zu werden
nicht gelebt zu werden
sondern aus meiner Mitte heraus
mich entfalten zu können

Meine Sehnsucht ist groß
mich lassen zu können
Idealbilder von mir loszulassen
damit ich immer mehr so werde
wie Gott mich von Anfang gemeint hat:
als sein Abbild

Meine Sehnsucht ist groß
mich zu finden
weil ich nur so Gott finden kann
im tiefsten Seelengrund
wo ich sein darf
vor aller Leistung

Meine Sehnsucht ist groß
mich lassen zu können
um in meinen Gaben
meine Lebensaufgabe zu entdecken
im Entfalten und Aufgeben meiner Gaben
zum Wohle aller

Pierre Stutz

Ein aufmerksames Herz

Wie kannst du aber voll und echt Mensch sein, wenn du dich selbst verloren hast? Auch du bist ein Mensch. Damit deine Menschlichkeit allumfassend und vollkommen sein kann, musst du [...] auch für dich selbst ein aufmerksames Herz haben. Denn was würde es dir sonst nützen, wenn du – nach dem Wort des Herrn (Matthäus 16,26) – alle gewinnen, aber als einzigen dich selbst verlieren würdest? Wenn also alle Menschen ein Recht auf dich haben, dann sei auch du selbst ein Mensch, der ein Recht auf sich selbst hat. Warum solltest einzig du selbst nichts von dir haben? Wie lange bist du noch ein Geist, der auszieht und nie wieder heimkehrt (Psalm 78,39)? Wie lange noch schenkst du allen andren deine Aufmerksamkeit, nur nicht dir selber?

Bernhard von Clairvaux

Denk auch an dich

Denk also daran: Gönne dich dir selbst. Ich sage nicht: tu das immer, ich sage nicht: tu das oft, aber ich sage: tu es immer wieder einmal. Sei wie für alle anderen auch für dich selbst da, oder jedenfalls sei es nach allen anderen.

Bernhard von Clairvaux

Aus dem Inneren

Ein angenehmes und heiteres Leben
kommt nie von äußeren Dingen,
sondern der Mensch bringt aus seinem Inneren,
wie aus einer Quelle, Zufriedenheit
in sein Leben.

Plutarch von Chaironea

Das bekomme ich hin

Wer kennt sie nicht, die Lügengeschichten des Barons Münchhausen? Zum Beispiel die, in der er erzählt, wie er sich selbst an den Haaren aus dem Sumpf gezogen hat. Dabei schreibt er sich eine Fähigkeit zu, die rein physikalisch gar nicht möglich ist. Welche Lösung er tatsächlich gefunden hätte, wenn er wirklich im Sumpf gelandet wäre, können wir nur erahnen. Was wir mit Sicherheit wissen, ist, was er nicht gemacht hätte: Er hätte nicht stundenlang gegrübelt, warum er in den Sumpf gefallen ist und was er hätte tun können, um das zu verhindern. Auch kannte er sicherlich nicht das Gefühl, nichts bewirken zu können, die Kontrolle über sein Leben zu verlieren und nur noch von Angst beherrscht zu sein. Der richtige Weg zu einem erfolgreichen, glücklichen Leben ist, sich weder selbst zu überschätzen noch sein Licht unter den Scheffel zu stellen. Es geht also darum, ein gesundes Selbstvertrauen zu entwickeln, sodass Sie überzeugt sind, aufgrund Ihrer eigenen Kompetenzen eine gewünschte Handlung erfolgreich ausführen zu können. Mit dieser Haltung nutzen Sie das Prinzip der sich selbst erfüllenden Prophezeiung im positiven Sinne. Wenn wir denken, „Das geht bestimmt schief!", dann wird es schiefgehen.

Wenn wir uns sicher sind, „Das bekomme ich hin!", dann werden wir alles daransetzen, dass wir es schaffen.

Jutta Heller

Sobald du dir vertraust,
sobald weißt du zu leben.

Johann Wolfgang von Goethe

Einkehr

Frei von Absichten
und von Geschäftigkeit
möge meine Seele sich
im Schweigen sammeln
und sich versenken
in die Betrachtung
des göttlichen Wesens.

Mein Leib soll stillhalten
in dieser Stunde.
Es gibt nichts zu kämpfen.
Der Friede Gottes senke sich herab
auf alles nah und fern.
Stille lasse sich herab auf Erde,
Luft und Meer,
wie der Himmel selbst der Friede ist.

Möge meine zur Ruhe
gekommene Seele erfahren,
wie der göttliche Geist sich ausbreitet
und wie die Himmel überall
ihm Raum geben.

Möge der Friede Gottes
meine Seele erlösen,
möge er mich mit seinem Licht erfüllen.

Plotin

Lebe im Augenblick

Wer sich nicht auf der Schwelle
des Augenblicks,
alle Vergangenheit vergessend,
niederlassen kann,
der wird nie wissen,
was Glück ist.

Friedrich Nietzsche

Achtsam sein

Da sein, präsent sein in der Gegenwart, ist etwas vom Schwierigsten im Leben. Es ist ein großer Vertrauensakt. Die Fülle der Gedanken, Gefühle, Bilder und Informationen will mir die Wirklichkeit des Lebens reduzieren auf das Tun. Kostbar sind jene Momente, in denen ich einfach da sein darf; jene Momente, in denen Raum und Zeit wie aufgehoben erscheinen, jene Momente, in denen ich „ohne Warum" sein kann. Sie strahlen eine nachhaltige Kraft aus, die große Kreise ziehen kann und Kreativität und Engagement fördert.

Da sein können heißt, den Rhythmus des Lebens zu akzeptieren, der sich in der Spannung von Zupacken und Geschehenlassen ereignet. Wer wagt, sich der Stille, der Leere anzuvertrauen, der wird nicht nur beglückende Erfahrungen des Aufgehobenseins erleben, sondern auch seinen dunklen Seiten, seiner inneren Unruhe begegnen. Darum braucht es das alltägliche Einüben einer wohlwollenden Achtsamkeit, das einen gesunden Arbeits- und Lebensrhythmus fördert. Gegenwärtig sein im Augenblick gelingt jenen Menschen, die in guter Spannung entspannt sein können. Menschen, die die verbindende Lebensweisheit aller Religionen hineinweben in ihren Alltag: die Lebenskunst des Innehaltens, des Schweigens, des Ausruhens, des Verweilens im Augen-Blick. Ihr schweigendes Dasein trägt auch zu Frieden in Gerechtigkeit bei.

Pierre Stutz

Der Weise genießt, was ihm
die Sinne vermitteln, wenn es dem Leben nützt,
er lässt davon ab, wenn es dem Leben schadet.

Aus China

Im Einklang mit sich

Wer edel, uneigennützig, großmütig denkt, ist überall frei, wer niederträchtig, eigennützig, kriechend denkt, ist überall Sklave. Der Mann, der sich in seinem Innern selbst konstituiert hat, hängt nicht mehr von der äußern Form ab; er steht auf seiner eignen Magna Charta, die ihm keine Macht auf Erden nehmen kann.

Friedrich Maximilian Klinger

Am Grund von allem

Die Menschen schauen immer von Gott fort.
Sie suchen ihn im Licht, das immer kälter
und schärfer wird, oben.
Und Gott wartet anderswo – wartet –
ganz am Grund von allem.
Tief.
Wo die Wurzeln sind.
Wo es warm ist und dunkel.

Rainer Maria Rilke

Auf die eigenen Bedürfnisse achten

Was machen mit diesem „angebrochenen Tag"? Ich tat das Beste, was man, sobald diese Frage überhaupt auftaucht, tun kann. Ich warf mich aufs Bett und schlief.

Man sollte im Leben, ganz besonders auf Reisen, viel häufiger davon Gebrauch machen, als es geschieht.

Warum unterbleibt es? Weil die wenigsten unter uns mit dem Philistrismus vollständig gebrochen haben und immer neunhundertneunundneunzig unter tausend wie eine ewige Kükeneierschale die Vorstellung mit sich herumtragen, dass man um zehn oder elf zu Bett gehen und um sechs oder sieben aufstehen müsse.

Wenige haben den Mut zu essen, wenn sie hungert, noch wenigere den Mut zu schlafen, wenn sie müde sind.

Theodor Fontane

Mit Vertrauen müßig sein

Ich habe mich oft gefragt,
ob nicht gerade die Tage,
die wir gezwungen sind,
müßig zu sein,
diejenigen sind,
die wir in tiefster Tätigkeit verbringen?

Ob nicht unser Handeln
selbst, wenn es später kommt,
nur der letzte Nachklang einer großen Bewegung ist,
die in untätigen Tagen in uns geschieht?

Jedenfalls ist es sehr wichtig,
mit Vertrauen müßig zu sein,
mit Hingabe,
womöglich mit Freude.

Die Tage, da auch unsere Hände sich nicht rühren,
sind so ungewöhnlich still, dass es kaum möglich ist,
sie zu erleben, ohne vieles zu hören.

Rainer Maria Rilke

Freundschaft mit sich selbst

„Kleine Geschenke erhalten die Freundschaft",
das gilt auch für die Freundschaft mit sich selbst:
vor allem sich Achtsamkeit zu schenken, nicht
achtlos vorbeizugehen an den eigenen Wünschen und Bedürfnissen, den hochkommenden
Ängsten und Befürchtungen. Nicht nur in der
Beziehung zu anderen spielen Geschenke eine
wichtige Rolle, sondern auch in der Beziehung
zu sich selbst. […]
Gelegentlich geht es darum, nur für sich selbst
da zu sein, in sich hineinzuhören, um wahr-
zunehmen, welche Stimmen da sprechen, und
darauf zu hören, was das eigene Gespür sagt,
wozu es rät.

Wilhelm Schmid

Freude ist mehr als Glück

Freude ist unsäglich mehr als Glück,
Glück bricht über die Menschen herein,
Glück ist Schicksal –
Freude bringen sie in sich zum Blühen,
Freude ist einfach eine gute Jahreszeit
über dem Herzen;
Freude ist das Äußerste, was die Menschen
in ihrer Macht haben.

Rainer Maria Rilke

Die eigene Seele

Es ist noch nie jemand unglücklich geworden, weil er sich nicht um das, was in der Seele eines andern vorgeht, gekümmert hat; aber diejenigen, die nicht mit Aufmerksamkeit den Bewegungen ihrer eigenen Seele folgen, geraten notwendig ins Unglück.

Marc Aurel

Den Weg
gemeinsam gehen

Gute Freunde

Ich stelle immer wieder fest,
dass sich das Leben nur mit Freunden leben lässt,
die uns auf unserem Weg begleiten
durchs Auf und Ab,
durch alle Jahreszeiten,
die uns mit ihrer Gegenwart beschenken,
die, wenn sie fern sind,
freundlich an uns denken,
die anders als wir selber sind
und trotzdem tief mit uns verbunden,
[…]
und wenn ich einsam bin und traurig,
wie Sterne in dem Dunkel meiner Nächte blinken.

Ute Latendorf

Gehalten im Glück der Freundschaft

Wo, außer in Freundschaften, gibt es noch Nischen, in denen man sich so verhalten und zeigen kann, wie man ist? Wo gibt es noch Anerkennung und Wertschätzung, ohne dass man dafür etwas leisten muss, einfach um seiner selbst willen? Zeitinseln mit Freunden sind wie kleine Oasen, wo man noch spüren kann, was es heißt, ein Stückchen Heimat zu haben. Wir können plötzlich, für einen Augenblick, die Möglichkeit einer neuen Welt, einer besseren Zukunft erkennen, weil wir wissen: Ich bin nicht allein. Ich bin gehalten im Glück, das sich Freundschaft nennt. Freunde sind eine Einladung zum Einkehren und Zusichkommen, zum Verdauen und Verarbeiten, zum Kraftholen und Raumgeben.

Irmtraud Tarr Krüger

Ein Geschenk des Himmels

Manche Menschen wissen nicht,
wie wichtig es ist,
dass sie einfach da sind.

Manche Menschen wissen nicht,
wie gut es tut,
sie einfach zu sehen.

Manche Menschen wissen nicht,
wie tröstlich
ihr gütiges Lächeln ist.

Manche Menschen wissen nicht,
wie wohltuend
ihre Nähe ist.

Manche Menschen wissen nicht,
wie viel ärmer
wir ohne sie wären.

Manche Menschen wissen nicht,
dass sie ein Geschenk
des Himmels sind.

Sie wüssten es,
würden wir es ihnen
sagen!

Petrus Ceelen

Nie allein

Einen Menschen wissen,
der dich ganz versteht,
der in Bitternissen
immer zu dir steht,
der auch deine Schwächen liebt,
weil du bist sein;
dann mag alles brechen,
du bist nie allein.

Marie von Ebner-Eschenbach

Es gibt Freundschaften,
die im Himmel beschlossen sind und
auf Erden vollzogen werden.

Matthias Claudius

Zuflucht

Die Freundschaft gehört zum Notwendigsten
in unserem Leben.
In Armut und im Unglück sind Freunde
die einzige Zuflucht.
Doch die Freundschaft ist nicht nur notwendig,
sondern auch schön.

Aristoteles

Der höchste Beweis der Freundschaft ist nicht,
einem Freund unsere Fehler,
sondern ihm seine bemerkbar zu machen.

François VI. de La Rochefoucauld

Der wahre Freund

Der ist mein Freund, der mir stets den Spiegel zeigt,
den kleinsten Flecken nicht verschweigt,
mich freundlich warnt, mich ernstlich schilt,
wenn ich nicht meine Pflicht erfüllt'.
Das ist mein Freund – so wenig wie er's scheint!
Doch der, der mich stets schmeichelnd preist,
mir alles lobt, nie was verweist,
zu Fehlern mir die Hände beut,
und mir vergibt, eh' ich bereut
– das ist mein Feind –
so freundlich er auch scheint!

Christian Fürchtegott Gellert

Einen Freund gewinnen

Jeder Freund ist gut und weise für den Freund, und unter ihnen geht alles gut ab. Ein jeder gilt so viel, als die andern wollen; damit sie aber wollen, muss man ihr Herz und dadurch ihre Zunge gewinnen. Kein Zauber ist mächtiger als erzeigte Gefälligkeit, und um Freunde zu erwerben, ist das beste Mittel, sich welche zu machen. Das meiste und Beste, was wir haben, hängt vom anderen ab. Wir müssen entweder unter Freunden oder unter Feinden leben.

Jeden Tag suche man einen zu erwerben, nicht gleich zum genauen, aber doch zum wohlwollenden Freunde: Einige werden nachher, nachdem sie eine prüfende Wahl bestanden haben, als Vertraute zurückbleiben.

Balthasar Gracián

Es wird hell in uns

Die Schmerzen, die wir dem Freund offenbaren, sind schon halb geheilt. Worüber wir sprechen, darüber mildern sich unsere Leidenschaften; es wird hell in uns; der Gegenstand des Zorns, des Ärgers, des Kummers erscheint uns in einem Licht, in welchem wir die Unwürdigkeit der Leidenschaft erkennen. Worüber wir im Dunkeln und Zweifel sind, wir dürfen nur darüber sprechen – oft in dem Augenblick schon, wo wir den Mund auftun, um den Freund zu fragen, schwinden die Zweifel und Dunkelheiten.

Ludwig Feuerbach

Was ich dir wünsche?

Dass jede Gabe, die Gott dir schenkt,
mit dir wachse
und dir dazu diene, denen Freude
zu schenken, die dich mögen.
Dass du immer einen Freund hast,
der es wert ist, so genannt zu werden,
dem du vertrauen kannst, der dir hilft, wenn
du traurig bist,
der mit dir gemeinsam den Stürmen
des Alltags trotzt.
Und noch etwas wünsche ich dir:
dass du in jeder Stunde der Freude
und des Schmerzes die Nähe Gottes spürst –
das ist mein Wunsch für dich und für alle, die
dich mögen.
Das ist mein Wunsch für dich –
heute und alle Tage.

Irischer Segenswunsch

Treue Freundschaft

Nichts jedoch erquickt den Geist so sehr wie treue, innige Freundschaft. Welch ein Schatz ist ein Herz, dem man sicher jedes Geheimnis anvertrauen kann, dessen Wissen du weniger fürchten musst als dein eigenes, dessen Wort deinen Kummer lindert, dessen Rat deine Pläne fördert, dessen Heiterkeit deine Traurigkeit verscheucht, dessen Anblick schon dich aufheitert.

Seneca

Erfülltes Leben

Wunschträume wagen

Gibt es etwas, das Sie fasziniert, das Sie aber gleichzeitig für sich ausgeschlossen haben? Vielleicht möchten Sie einmal mit einem Heißluftballon fahren oder einen Fallschirmsprung wagen? Vielleicht träumen Sie davon, reiten zu lernen, oder Sie würden gerne einmal eine Kajak-Tour machen?

Sich an solche Wunschträume zu wagen und sie tatsächlich anzugehen, ist eine besondere Form des Genießens. Wir müssen dazu aus der sogenannten Komfortzone heraus, in der wir es uns gemütlich gemacht haben, denn es gilt, so manche Angst und manchen Zweifel zu überwinden. Dafür werden wir aber reichlich belohnt: Mit dem guten Gefühl, etwas bewältigt und geschafft zu haben, und mit der Erfüllung eines großen Wunsches.

Tania Konnerth

Mut zum Träumen

Möge Gott die unstillbare Sehnsucht
ausgießen in unsere Herzen.
Möge Gott uns den Mut zum Träumen geben
und die Kraft, jeden Tag neu
den Aufbruch zu wagen.
Möge Gott uns voranziehen
und zugleich unser Schutz sein.
Und möge Gott uns ein Leben in Fülle
schenken,
damit wir das Lied der Erlösung singen.

Irischer Segenswunsch

Nur Mut

An kleinen Dingen muss man sich nicht stoßen,
wenn man zu großen auf dem Weg ist.

Friedrich Schiller

Nicht weil es schwer ist,
wagen wir's nicht,
sondern weil wir's nicht wagen,
ist es schwer.

Seneca

Den Wind kann man nicht verbieten,
aber man kann Windmühlen bauen.

Holländisches Sprichwort

Chancen sehen

Statt mit unseren Gefühlen und Gedanken immer wieder um ein Problem zu kreisen und nach dessen Ursachen zu forschen, können wir auch ganz einfach prüfen, was gut funktioniert. Wenn uns etwas nicht guttut oder etwas nicht klappt, sollten wir etwas anderes ausprobieren. Wir sollten nach Chancen Ausschau halten. Ein schönes Beispiel dazu liefert Mark Twains Geschichte von Tom Sawyer. Darin wird erzählt, wie der Schlingel wieder einmal etwas angestellt hatte und nun zur Strafe einen Zaun streichen sollte. Doch er benahm sich so, als sei es eine Ehre, den Zaun streichen zu dürfen. Das führte dazu, dass all die anderen Jungen, die an ihm vorbeikamen, sich darum rissen, mitmachen zu dürfen, und Tom dafür sogar mit Geschenken bestachen, anstatt ihn auszulachen. So musste er keinen einzigen weiteren Pinselstrich mehr machen, verbrachte den Tag in angenehmer Gesellschaft und bekam obendrein Anerkennung und Wertschätzung. Die Geschichte zeigt deutlich, wie allein durch eine andere Bewertung eine wunderbare Lösung möglich wurde.

Jutta Heller

Etwas wagen

Die Talente sind oft gar nicht so ungleich,
im Fleiß und Charakter
liegen die Unterschiede.

Theodor Fontane

Um große Erfolge zu erreichen,
muss etwas gewagt werden.

Helmuth Graf von Moltke

Schritt für Schritt

Nichts aufgeschoben; alle Tage wenig; Pfennige gespart in allen Stücken, nicht zu viel auf einmal, und lieber oft ein wenig ist meinem Charakter am zuträglichsten, und wenn ich es nicht so ausrichte, so richte ich nichts aus.

Georg Christoph Lichtenberg

Sobald der Geist auf ein Ziel ausgerichtet ist, kommt ihm vieles entgegen.

Johann Wolfgang von Goethe

Realistische Ziele setzen

„Nichts zu sehr!" – Wie oft wird dem Einzelnen angeraten, sich ein Ziel zu setzen, das er nicht erreichen kann und das über seine Kräfte geht, um so wenigstens das zu erreichen, was seine Kräfte bei der allerhöchsten Anspannung leisten können! Ist dies aber wirklich so wünschenswert? Bekommen nicht notwendig die besten Menschen, die nach dieser Lehre leben, und ihre besten Handlungen etwas Übertriebenes und Verzerrtes, eben weil zu viel Spannung in ihnen ist? Und verbreitet sich nicht ein grauer Schimmer von Erfolglosigkeit dadurch über die Welt, dass man immer kämpfende Athleten, ungeheure Gebärden und nirgends einen bekränzten und siegesgemuten Sieger sieht?

Friedrich Nietzsche

Ein Gefühl meiner Kraft

Ich kann es nicht oft genug wiederholen, welch ein Glück das Arbeiten mir war, welch einen Genuss das Schaffen mir gewährte.

Wie mit einem Zauberschlage entrückte der Moment, in welchem ich mich an den Schreibtisch setzte und meine Hefte zur Hand nahm, mich allen meinen Sorgen, allen meinen Kümmernissen.

Ich war froh, frei, mächtig und unverzagt, ich hatte fortwährend ein Gefühl meiner Kraft und auch ein gewisses Gefühl des Gelingens.

Fanny Lewald

Engel des Aufbruchs

Solange wir auf dem Weg sind, müssen wir immer wieder unsere Zelte abbrechen, um in neues Land aufzubrechen. Jeder Aufbruch macht zuerst einmal Angst. Denn Altes, Vertrautes muss abgebrochen werden. Und während ich abbreche, weiß ich noch nicht, was auf mich zukommt. Das Unbekannte erzeugt in mir ein Gefühl von Angst. Zugleich steckt im Aufbruch eine Verheißung, eine Verheißung von etwas Neuem, nie Dagewesenem, nie Gesehenem. Wer nicht immer wieder aufbricht, dessen Leben erstarrt. Was sich nicht wandelt, wird alt und stickig. Neue Lebensmöglichkeiten wollen in uns aufbrechen. Sie können es aber nur, wenn alte Muster abgebrochen werden. [...]
So haben wir gerade heute den Engel des Aufbruchs nötig, der uns Hoffnung schenkt für unsere Zeit, der uns aufbrechen lässt zu neuen Ufern, der uns den Aufbruch wagen lässt. [...]
Und dazu gehört auch, dass du selber festgefügte Vorstellungen und erstarrte Bilder aufbrichst. Das Aufsprengen von inneren Blockaden, die Öffnung von Verschlossenheit, das Aufgeben von alten Gewohnheiten und Besitzständen: Das alles eröffnet uns die Möglichkeit, zu neuen Lebensweisen und Lebensabschnitten aufzubrechen.

Oftmals wirst du zögern, weil du nicht weißt, wohin der Weg dich führen wird. Dann mag wohl der Engel des Aufbruchs dir zur Seite stehen und dir Mut für deinen eigenen Weg zusprechen.

Anselm Grün

So viel Kraft

Es bleibt einem jeden immer noch
so viel Kraft,
das auszuführen,
wovon er überzeugt ist.

Johann Wolfgang von Goethe

Der eine wartet, dass die Zeit sich wandelt,
der andere packt sie kräftig an und handelt.

Dante Alighieri

Berge versetzen

Wenn es einen Glauben gibt,
der Berge versetzen kann,
so ist es der Glaube an die eigene Kraft.

Marie von Ebner-Eschenbach

Der Glaube an unsere Kraft
kann sie ins Unendliche verstärken.

Friedrich Schlegel

Mein Leben

Ich will nicht darauf warten, dass andere mir ein wenig Leben ermöglichen. Ich selbst darf leben, so wie ich es für richtig halte. Ich selbst darf Leben gestalten. Ich darf dem Leben eine Richtung geben. Ich darf mein Herz und die Fenster meiner Wohnung für das Leben öffnen. Ich darf das Leben bei mir willkommen heißen und erfahren, dass es wächst und immer echter und lebendiger wird.

Heute will ich so leben, wie ich es selbst für richtig halte. Ich will meine Vorstellungen von einem gelingenden Leben befreien von dem Ballast der Erwartungen anderer Menschen. Ich will meinen Glauben, meine persönlichen Hoffnungen und Wünsche, meine Verantwortung endlich ernst nehmen und mein Leben danach ausrichten. Ich habe mich entschieden, meine Lebensentscheidungen selbst zu treffen.

Ich brauche Orte, an die ich mich zurückziehen kann, um neue Kraft zu schöpfen. Ich brauche Zeiten, die reserviert sind für ein stilles Gebet oder für intensives Nachdenken. Ich brauche die Möglichkeit, zur Ruhe zu kommen, zweckfrei zu träumen, einen ausgedehnten Spaziergang zu unternehmen. Ich brauche solche Orte und

Zeiten, weil ich mich davor bewahren will, innerlich auszubrennen.

Viele träumen vom Leben, statt zu leben. Wenn ich mein Leben lange genug hinausschiebe, wird es immer unwahrscheinlicher, dass ich es noch leben werde. Ich kann heute anfangen, so zu leben, wie ich will. Ich kann heute Weichen stellen und Schritte in die neue Richtung tun. Und bald werde ich mich erstaunt fragen, warum ich nicht schon längst damit angefangen habe.

Rainer Haak

Geh auf dein Glück zu

Fürchte dich vor niemandem. Du bist nicht bedroht. Du bist gehalten. Du lebst im Schutz der Kraft Gottes, die um dich ist. Und aus der Kraft Gottes in dir selbst. Du hast deinen Weg und brauchst dich nicht zu fürchten vor Gefahren, die an ihm drohen, nicht vor einer Macht, die ihn verstellen könnte. Was dir begegnen kann, ist immer kleiner als Gott, der dich ruft. So geh. [...] Dir ist das Leben gegeben und eine bestimmte Lebenszeit. Verbrauche also nicht das Leben und deine Zeit, verbrauche keine Energie mit Sorgen. Du richtest wenig mit ihnen aus. Du kannst dir überlegen, was du tun musst, um dein Leben zu erhalten. Aber tu es, ohne dich dabei im Kreis zu drehen. Vielleicht fällt uns hier auf, dass in Jesus etwas ungemein Heiteres war, eine lächelnde Überlegenheit. Du kannst dein Leben mit allen deinen Sorgen nicht um einen halben Meter länger machen, sagt er. Wichtiger ist, ob etwas wie Gerechtigkeit von dir ausgeht oder etwas wie Frieden. Behalte dein Ziel im Auge, alles andere ist von geringerer Wichtigkeit. [...] Dir ist Glück zugedacht. Geh darauf zu und sei glücklich.

Jörg Zink

Quellenverzeichnis

Petrus Ceelen   Ein Geschenk des Himmels, aus: ders., Auf einen Espresso. 356 Inspirationen für das Jahr – für das Leben, Katholisches Bibelwerk 2013,© Rechte beim Autor

Anselm Grün   Engel des Aufbruchs (redakt. Titel), aus: ders., 50 Engel für das Jahr, Verlag Herder GmbH, Freiburg i. Br. 1999, S. 25f., mit freundlicher Genehmigung von Verlag Herder GmbH

Rainer Haak   Mein Leben © Rechte beim Autor

Jutta Heller   „Das bekomme ich hin", aus: dies., Resilienz. ISBN 383382735, 7 Schlüssel für mehr innere Stärke, Gräfe und Unzer Verlag, München 2013, S. 69f.

Jutta Heller   „Chancen sehen", aus: dies., Resilienz. ISBN 383382735, 7 Schlüssel für mehr innere Stärke, Gräfe und Unzer Verlag, München 2013, S. 139f.

Willigis Jäger   Annahme © Rechte beim Autor

Tania Konnerth   Wunschträume wagen (redakt. Titel) © Rechte bei der Autorin

Petra Kummermehr   „Das Leben annehmen wie es ist" und „Heilsame Blickrichtung", aus: dies., Vertraue dem Leben © 2014 Verlag Ernst Kaufmann, Lahr

Ute Latendorf   Gute Freunde © Rechte bei der Autorin

Wilhelm Schmid   Freundschaft mit sich selbst (redakt. Titel), aus: ders., Mit sich selbst befreundet sein. Von der Lebenskunst im Umgang mit sich selbst. © Suhrkamp Verlag Frankfurt am Main 2004. Alle Rechte bei uns vorbehalten durch Suhrkamp Verlag Berlin

Ulrich Schaffer   Sei du selbst, aus ders., Weil du dein Leben entscheidest © 1997 Verlag Ernst Kaufmann, Lahr, S. 27f.

Andrea Schwarz   Neu lassen lernen, aus: dies., Kleines Buch der Lust am Leben, Verlag Herder GmbH, Freiburg i. Br. 2011, S. 45ff., mit freundlicher Genehmigung von Verlag Herder GmbH

Pierre Stutz   Meine Sehnsucht (redakt. Titel), aus: ders., Was meinem Leben Tiefe gibt, Verlag Herder GmbH, Freiburg i. Br. 2011, S. 68, mit freundlicher Genehmigung von Verlag Herder GmbH

Pierre Stutz   Achtsam sein (redakt. Titel), aus: ders., Was meinem Leben Tiefe gibt, Verlag Herder GmbH, Freiburg i. Br. 2011, S. 12f., mit freundlicher Genehmigung von Verlag Herder GmbH

Irmtraud Tarr Krüger   Gehalten im Glück der Freundschaft (redakt. Titel), aus: dies., Vom leichten Glück der einfachen Dinge, Verlag Herder GmbH, Freiburg i. Br. 1998, S. 119, mit freundlicher Genehmigung von Verlag Herder GmbH

Jörg Zink   Geh auf dein Glück zu (redakt. Titel), aus: ders., Wer glaubt, kann vertrauen © 2006, Gütersloher Verlagshaus, Gütersloh, in der Verlagsgruppe Random House GmbH

Jörg Zink   Glück ist Sorglosigkeit (redakt. Titel), aus: ders., Wer glaubt, kann vertrauen © 2006, Gütersloher Verlagshaus, Gütersloh, in der Verlagsgruppe Random House GmbH